Il nous fut donné d'aimer

DU MÊME AUTEUR :

Il faut sauver la tendresse...
BOOKS ON DEMAND, 2011.

La Cigale
& autres douceurs
BOOKS ON DEMAND, 2011.

Enfin bref...
BOOKS ON DEMAND, 2012.

En vrac et en douleur
BOOKS ON DEMAND, 2012.

Phil...
ou le mensonge des apparences
BOOKS ON DEMAND, 2013.

Anna-Sylvia Tendron

Il nous fut donné d'aimer

Couverture : *L'Oiseau*,
peinture acrylique de Anna-Sylvia Tendron
(droits réservés)

© 2013. Anna-Sylvia Tendron.

ISBN 978 2 32203 049 1

Prologue

Elle dit :
— *Pardon je suis un peu folle…*
Se met à chanter et fait pleurer les anges.
Elle jette sur des toiles de coton, des couleurs qui se croisent indéfiniment, quand son âme rencontre la musique.
— *Il nous faudrait plusieurs vies…*
Elle peint en regardant dans son dedans, un ailleurs qui renvoi des choses qu'elle place devant nos yeux, belles, angoissantes… sa vie à elle pour celle des autres.
Et puis elle écrit.
— j'aime lire ce qu'elle écrit, parfois je ne comprends pas, mais j'aime quand même parce que sa façon d'écrire ressemble à sa façon de vivre…et ce n'est pas parce qu'on ne comprend pas que ce n'est pas beau !...
Elle avoue :
— *Je suis pauvre comme job et pourtant trop riche ma douce amie. De la plume au pinceau, du chant aux couleurs, des rêves à la réalité, je suis riche !*

Moi je ne sais pas lui répondre, mais je vois que c'est vrai qu'elle est pauvre, que souvent sur sa table il n'y a qu'une maigre pitance, bien qu'elle ne refuse jamais de partager son pain et son vin, lorsque vin il y a... Pourtant près d'elle, de ses couleurs sur ses toiles, de son sourire dans ses yeux, où un homme hier a fait mourir la lumière, de ses mots sur du papier gris, près d'elle, je me sens, moi aussi, également riche...

Folle pour ne plus avoir à dire sa différence, pour cacher ses tourments qu'elle sait être aussi les nôtres, isolée, solitaire...

Nous tous, nous nous servons de ses mots...

CATHERINE,
pour mon Amie l'écrivaine

... *« Si je m'éloigne, ne croyez pas à mon absence. Et dans vos songes, après la fatigue des jours, je reprendrai, chancelante peut-être ; le courage d'une visite »*...

La vie va continuer, après toi, après moi, après nous, malgré nous et grâce à nous...

Et vont continuer de s'empiler les briques qui bâtissent nos châteaux de chimères...

N'être sûr de rien, même pas du jour qui se lève,... de l'importance qu'il pourrait prendre sur le calendrier qui emprisonne le temps... Métronome infini ou seulement instant présent...

Il n'y a pas de choix, les décisions sont prises ailleurs,...

Mais il nous fut donné d'aimer...

Elle ne voulait pas lui lâcher la main, elle se disait que tant qu'ils se tiendraient tous les deux pour tenir tête au sort, serrés l'un contre l'autre en refusant la lutte, aucun des deux ne pourrait disparaître.

Pouvait-elle croire encore, qu'il suffit de vouloir de toutes ses forces une chose pour qu'elle se produise ?...

Certains matins, quand le chagrin laisse à son cœur quelque répit, et qu'un peu de bonheur lui revient, elle place sur l'antique platine qu'ils avaient déniché dans un de ces bric-à-brac qu'il aimait et où parfois il réussissait à la traîner, un vieux disque vinyle :

« la vie sépare ceux qui s'aiment tout doucement sans faire de bruit »…

La vie ! Leur vie avait fait du bruit, pleine des joies de la folie d'aimer et d'être ensemble.

Il y eu ces pays parcourus d'où ils ramenaient des souvenirs sans importance, juste pour faire comme tout le monde,… Elle aimait les musées, la musique ;

lui adorait le cinéma, les écrivains, heureux d'être d'accord devant la beauté de toutes choses.

– Mais c'est aux tables de France que commence l'amour !

De France et de Navarre,... Me soufflais-tu à l'oreille avant de m'embrasser pour que je ne puisse répondre.

Tu faisais le pitre pour me faire rire,... ta générosité, ton humour, la force de ta tendresse, ta reconnaissance à la vie et cette once de désespoir secret, faisait de toi un homme... Simplement un homme.

Sa mort fut silencieuse, discrète et soudaine... Comme celle d'un animal qui s'écarte sans bruit, à peine un soupir pour rendre son fardeau et croire qu'ainsi il épargnera ceux qui l'aiment.

Le premier jour, devant une croûte qui se voulait ressembler à la mer, il lui avait dit :

– Je vais vous aimer pour l'éternité !

Surprise, riant malgré elle devant ce toupet elle s'était tournée vers lui... Comme un coup, le souffle arrêté sur ses lèvres, elle avait reçu son regard brun-velours en plein cœur, et l'amour, soudain, joyeux, une évidence indiscutable, une presque trop brutale décision du hasard.

Des mains de cet homme, avec l'amour, elle recevrait, indomptable, la vie... la vie qui continue à renaître parce que cet amour reste dans l'air comme le parfum de l'existence des hommes, la poésie éternelle, le courage de toujours résister, même si tous les recommencements se font sur le départ des êtres aimés.

… Quand elle pense aux années passées, il y a des ombres, des sourires sur des visages heureux, des larmes dans des yeux, et des rires qui fusent.

Des êtres aux prénoms oubliés…
Elle ne retrouve plus le sens des jours, elle embrouille gaiement les années,… Ce n'est plus important, ensemble ils font bloc, une vie dans un grand récipient où le meilleur et le pire se confond.
Il paraît, que lorsque les années ont filées et que nous regardons par-dessus le temps, nous avons tous l'impression de n'avoir vécu qu'un pan dérisoire de notre existence,… que les années d'un amour se résument à quelques images imprécises… photos jaunies, une poignée de regrets, faute de comprendre…
Elle rit…

Michel était son amour. Celui qui n'aurait jamais dû être, un dément qui s'invitait au jeu des raisonnants… dans ce jeu où se perd souvent, cette magnifique folie, que certains dieux ont inventé pour diviser la raison, afin qu'elle n'oublie pas sa vaniteuse dérision.
Passée la cinquantaine résignée : nous nous étions cherchés, attendu presque une vie…

Il ne fut pas trop tard,...dix ans d'amour d'années-lumière, d'un bonheur brodé sur les jours, les heures, pour qu'il tienne à jamais, comme le souvenir de tes mains sur ma peau, de tes baisers avides sur ma bouche... lorsque tu disais heureux :

– Nous avons une chance grandiose, sans pareille ! N'oublie jamais... Nous avons à rattraper tout le temps d'avant,...

Ce temps de l'autre vie où consumés, nous ne savions pas que l'autre existait.

Alors follement, mais sans impatience tu me faisais l'amour,... et mille fois tu m'aimais, jusqu'au murmure de la défaillance...

– Pour l'homme qui soulage son ventre d'adolescent... et pour toi ma douce, pour de longues heures, de caresses, de renoncements, de plaisirs... pour te dévorer ! Je dois être attentif à ne pas oublier un grain de ta peau, le moindre secret de ton corps, même si je dois pour cela te faire rendre l'âme...

J'ai rendu l'âme tant de fois mon amour... sous tes mains, sous ta bouche... et revenue à la vie, entre tes bras, attendue par ton sourire moqueur, qui pourtant ne pouvait masquer tout à fait, un indéfinissable trouble... une interrogation sans réponse possible... dans le si bref instant, où les amants qui s'aiment, encore amarrés ensembles à la fin de la tempête, découvrent ce qu'ils sont l'un pour l'autre... édifice fragile qui porte en lui la plus puissante et merveilleuse raison de vivre...

Je me souviens de cette joie, la grande, l'invincible joie d'atteindre à deux, l'extase des plaisirs cruels... qui vont tomber aux rives de la plus insensée et désespérante quête.

Et puis vint ce temps de la dernière saison d'aimer...

Il t'arrivait de te plaindre de la fatigue, de plus en plus souvent, tout en refusant de la prendre au sérieux. Je la voyais marquer les traits de ton visage. Je surprenais la lassitude dans tes gestes, dans ta façon de me regarder... tu maigrissais, devenais fragile. Pourtant, à tout prix tu voulais nous épargner, en inventant des causes, des prétextes, tu accusais l'âge, qui nous prend par surprise en pleine euphorie.

Tu me faisais une grimace de gamin, une pirouette désinvolte et parlais d'autre chose.

Comment pouvions-nous imaginer qu'il était déjà trop tard... ?

Mais toi peut-être savais-tu ?

Et ce dernier printemps ! Il fut un des plus doux, des plus beaux que nous ayons vécu ! Il ne se montrait pas pour donner des regrets, ni pour nous éprouver, nous sentions profondément qu'Il venait mettre à nos pieds tout ce qu'il possédait, toutes ses abondances ; dans l'air se confondaient les senteurs lourdes de la nature avide qui se réveillait… et se révélait le parfum intime des choses qui attendaient sa cour…

 Les pommiers, étaient chargés de fleurs, les roses fleurissaient sans attente, partout une frénésie de couleurs, de frémissements… la nature se doutait, et nous offrait le bouquet final de notre existence ensemble, une salve d'honneur, un ultime salut à l'amour, à la vie qui déjà t'abandonnait, sans que nous en ayons conscience, sans même soupçonner le péril.

 Nous étions devant une fenêtre ouverte sur un coucher de soleil magique qui incendiait le ciel et la terre, et fauchait les cœurs de sa beauté… une beauté qui allait au-delà de nos pensées, creusait dans ce que nous sommes, et trouvait en nous l'éclat de perfection, qui un jour nous rassemble.

 A cet instant j'ai su que tu allais me quitter : nous ne pouvions que nous rendre.

 Tu m'as regardé avec une infinie tendresse, mais tu laissais enfin la lassitude envahir ton merveilleux visage : tu cessais de me cacher ton mal et ta souffrance, tu rendais tes armes.

 Nous sommes restés longtemps dans les bras l'un de l'autre, en se murmurant juste les mots pour se dire adieu, ces mots qui ne suffiront jamais, et ne peuvent plus rien.

Alors, avec ton sourire qui mettait mon cœur en miette et l'humour qui fut notre arme la plus redoutable, comme si c'était juste une farce dont on pouvait rire, tu as choisi la dérision :

– Toi, ma tendre et savoureuse, tu es le plus merveilleux présent qu'il soit donné à un homme de recevoir... t'aurais-je méritée ?...

– Il était temps bel amant ! Nous étions presque vieux... et moi t'ai-je mérité ?...

– Comme ce ciel, qui ne sait peut-être rien qu'être beau, nous deux c'était une fête...

Après, tu n'as pas le droit d'éteindre les lumières.

Tu es parti... Je suis devenue vieille.

J'ai barré les jours aux calendriers : depuis ton départ, beaucoup de calendriers, beaucoup d'années...

Je n'ai jamais eu peur...

«... Et la mer efface sur le sable, les pas des amants désunis... C'est une chanson,... qui nous ressemble, toi tu m'aimais, moi, je t'aimais... »

JACQUES PRÉVERT

Marie-Antoinette

Les poètes savent que les modes d'emploi sont pour les personnes en manque d'imagination… que le déroulement de certains événements se dérobent à tout contrôle, à toute logique… bienheureuse insolence de dame nature qui fournit aux résistants de toujours, des armes faites de chimères, et laisse sur la terre les traces des don Quichotte de passage.

La maison de parpaings nus qui se détache sur le vert de la campagne, ressemble à ce qu'il resterait d'un fortin négligé par ses occupants, et si ce n'était la cacophonie qui s'en échappe à certaines heures du jour et de la nuit, on pourrait croire les lieux inoccupés.

Plénitude de vivre aux confins des pâturages français, sur les rives d'un ruisseau aux eaux de cristal, avec le bruit de ses pas sur les cailloux, qui n'éteint jamais tout à fait le silence…

Vivre comme sur une île de pestiférés ! Inabordable, intouchable, par la seule déraison du cœur quand enfin ! il se fout de n'être que ce qu'il est, une alouette fragile et chantante sur un fil bourré d'explosifs... bref !

Ce qui agace fortement la propriétaire de l'endroit, madame Marie-Antoinette, c'est quand des curieux font les innocents, et viennent s'excuser de s'être introduit dans son domaine.

Ce qu'ils n'avouent jamais, c'est que pensant la chose abandonnée, se frottant les mains, ils croyaient flairer la bonne affaire.

Mais ça rigole moins quand ces brigands de la ville se retrouvent devant Marie-Antoinette armée de l'arbalète fabriquée par son arrière grand-père, un vaillant gaulois qui comptait bien ralentir l'avancée de l'armée Prussienne.

Grand-père fut récompensé par la victoire sanglante de la France, une hécatombe digne de tous nos ancêtres confondus, de la méditerranée aux fjords norvégiens... et pour lui personnellement, une mort douce dans le fond de son lit.

Depuis l'arbalète est restée dans la famille... au cas où.

Il faut reconnaître que Marie-Antoinette devient belliqueuse quand il s'agit de défendre sa maison et ses habitants ; elle se ferait couper la tête plutôt que de céder un pouce de terrain.

Dans son asile de la providence, Marie-Antoinette chouchoute des pensionnaires rescapés de catastrophes diverses, comme certaines victimes d'abandons perpétrés par d'infâmes individus…

Elle dorlote les siens, les itinérants, les visiteurs des environs, les errants de tout poils et plumage, sans se soucier des conjonctures susceptibles d'interférer dans la survie de celui qui lui demande aide et assistance.

Comme un certain coq braillard du voisinage, que pourtant tous rêver de trucider.

Ce finaud, aller savoir comment, a senti sa dernière heure arriver, quand sa nourrice s'est mise à te le gaver comme une oie, ce qui eu pour effet, et de le vexer, et de lui mettre la puce à la crête.

Devant une fin prévisible, guère honorable pour se pourfendeurs de cocottes, il s'était sauvé et avait trouvé asile et protection chez la Marie. Et bien, vous n'allez pas le croire, mais depuis ce temps déjà lointain, ce gueulard prétentieux est resté muet comme une carpe, il n'a plus jamais salué de lever du jour, quel qu'il soit : comme quoi tout coq fanfaron que l'on puisse être, pour sauver ses abatis, on ferme sa gueule…

Il y a d'abord le vieux compagnon Octave, chien tricolore dont le pédigrée s'est dilué dans les brumes infinies du temps, lui dédiant à ce jour une allure dégingandée de lévrier afghan, qui aurait quelques traces de Saint Bernard par la taille et la tête, lui-même issu de croisements osés entre espèces mal définies.

Vient ensuite le prince incontesté des lieux Léon, le chat, outrageusement gras, et guère mieux nanti pour ce qui est du pédigrée.

Mais lui Léon garde la tête haute... et aussi la queue... trainant toujours derrière lui quelque congénère ramassé au gré de ses pérégrinations campagnardes : Léon comme Marie ne regarde pas à la dépense.

Et puis, voilà le couple de perruches, casanières au possible, qui squattent le dessus du buffet de la cuisine qu'elles ont transformé en dépotoir ; dépotoir qu'elles défendent avec des cris d'orfraie chaque fois que Marie-Antoinette essaye de récurer leur bourbier : deux volatiles suspectes qui refusent obstinément le monde extérieur, le vent, le ciel, la liberté quoi !

Elles n'ont jamais consenti à franchir ni porte ni fenêtre, même pour une simple échappée, et cet état de chose laisse dubitatifs les visiteurs occasionnels, qui se demandent quelle éducation ont pu recevoir ces deux folles hargneuses comme des mouettes... mais belles comme des arcs-en-ciel.

Il y a aussi César et Elvis, les deux cochons d'Inde pépères, sans histoire, qui vivent leur vie entre une cage ouverte à tous les vents, les broussailles du jardin, et des ballades à travers la maison qu'ils font sans se lâcher d'une semelle...

Atterris en cette demeure par le hasard heureux

d'avoir un jour croisé la route et le cœur de Marie-Antoinette, tous vivent en parfaite harmonie, loin des contingences raciales, oublieux de leurs différences, au point que parfois même la Marie ne sait plus qui est qui… mélangeant les prénoms, les origines fussent-elles scabreuses, les horoscopes :

Marie a une foi sans partage en l'astrologie chinoise. Elle affirme que ces "gens" qui font confiance aux animaux pour se situer sur les années de leur vie, ont forcément tout compris… !

Partageant les gamelles, les litières et autres couchages, souvent improvisés selon les envies de chacun, des couples de dormeurs ainsi se forment, par le besoin irrépressible d'un petit somme, que l'espèce animale consomme sans modération, contrairement à nous qui allons chercher midi à quatorze heures pour se laisser-aller à cette exquise et sensuelle occupation…

Mais la cause première de ces abandons soudains, et délectables, reste avouons-le, la sidérante, l'exceptionnelle fainéantise commune à l'ensemble des habitants de la maisonnette, y compris Marie-Antoinette.

"Fainéantise et gourmandise", devise hautement philosophique portée par son poids de tolérance et d'acceptation, distillée en permanence par l'un ou l'autre membre de cette fraternelle assemblée, posée sur une paupière entre-ouverte, sur l'invitation d'un bâillement :

D'heure en heure se remettre de l'instant enfui, sans omettre au passage, de se remplir la panse !
La paix donc règne au foyer...

Les deux perruches, agrippées au rebord d'une mangeoire- faitout, s'empiffrent sans retenue sous le regard tendre d'Octave, baillant une douce résignation, de Léon qui passe en se donnant des airs de pacha, le panache haut et fier laissant voir un œil noir et effronté que je ne saurais nommer.
Il s'arrête minauder avec César, toujours aimable, avant de s'écrouler voluptueusement sur un coussin d'où s'élèvent quelques plumes...

Affriolante certitude de constater que "poésie chevauche une certaine folie douce" : ravissement qui pousse à l'extase devant ces deux sœurs jumelles, qui se dessinent sur le bord d'un buffet dégoulinant des fientes de minuscules perruches, de toutes façons trop belles pour être honnêtes.
Poésie qui persiste, quand le soleil couchant illumine de safran le chien et le chat blottis l'un contre l'autre pour une de ces fameuses siestes, devenant pour quelques instants les seigneurs d'un conte magique, sous l'œil vigilant d'un coq qui doit se nouer le gosier pour s'empêcher de chanter devant la partition la plus belle du monde.

A coté, dans un rocking-chair geignant, la Marie-Antoinette berce ses deux peluches de cochons d'Inde qui en profitent pour lui grignoter ses dentelles.

Hier, la chèvre de Titi, le voisin de Marie-Antoinette qui fut aussi son amoureux… dans une autre vie, est venue rendre sa visite hebdomadaire. La biquette en a profité pour manger le dessus d'une chaise en paille qui bien évidemment, n'avait pas besoin de ça !
Là-dessus, Marie qui a perdu depuis longtemps le sens de la propriété, et le fameux mode d'emploi justement, lui a refilé les trois chaises restantes d'un ensemble qui n'avait plus la possibilité d'être ; du coup par la même occasion elle lui a mis de coté un canapé de salon que les piafs irrespectueux ont transformé en réserve de terreau.
Donc la chèvre est assurée d'avoir de quoi se mettre sous la dent pour ses visites à venir.

Satisfaction ! Splendeur inégalée de ce havre de paix au milieu du marasme qui envahit la planète terre.
Jetez hors de ce mini-royaume, tout individu qui risquerait de vouloir ramener sa science, ses règlements d'imbécile heureux, et ses lois à foutre la pagaille, parce que ça, la Marie-Antoinette, reine-mère en son fortin, ne veut surtout pas en entendre parler !

Il y a bien quelques tensions parfois, comme lorsqu'Eloïse, la jument de Titi, âgée d'une bonne vingtaine d'années, a décidé dans sa tête de pénétrer de force dans la maison. Avec son gros ventre, elle s'est retrouvée coincée dans la porte d'entrée, sa taille en contre-jour formait une masse noire avec une énorme tête qui soufflait et éructait des flops flops de colère… c'est sa faute aussi ! qu'elle idée ! Dérangeant subitement la sieste générale en semant la terreur.

Les oiseaux se sont affolés et volaient dans tous les sens en piaillant à qui mieux-mieux, Léon pas trop téméraire, est allé se planquer sous le canapé au fumier, suivi dans cette retraite par un copain nouvellement invité, et aussi les deux cochons d'Inde.

Le chien se souvenant de ses prérogatives mais sans grande conviction, les cordes vocales grinçantes par le manque d'exercice, a seulement rajouté à l'épouvante générale.

Sûrement vexée par cet accueil et pour ne pas mourir asphyxiée, la jument a fini par reculer, chapardant au passage un guignon de pain qui trainait sur la table ; ensuite elle s'est vengée en dévorant la moitié du lilas, quelques roses rouges et le parterre de marguerites…

Entre temps, les deux normandes devenues stériles et sèches comme des vaches hindoues, sont venues comme d'habitude, brouter les broussailles qui forment la plus importante partie de la végétation environnante : elles vont se faire engueuler, pas pour le désherbage mais parce qu'elles labourent aussi les légumes...

Rien de vraiment important, dirait Marie-Antoinette.

Marie qui a gardé son sourire de petite fille, ses yeux noisette qui ne voient plus tout à fait les choses comme elles sont, Marie qui se contente de grignoter juste le nécessaire, gardant le meilleur pour ses enfants comme elle les appelle, gracieuse, menue comme un roseau qui plie mais ne rompt pas interpelle son voisin :

– Dis-le Titi que c'est une honte, d'avoir autant travaillé pour finalement ne toucher que ces quatre sous !

– Oui c'est une honte, et bien triste !

– C'est à peine l'argent de poche que s'octroi un ministre !

Elle rouspète encore un peu, pour rien.

– Ces bonshommes là ne savent pas ce que c'est que la misère, les privations, une existence sans vacances, et sans ces petits plaisirs de quelques dépenses superflues.

Tiens mon Titi il faudrait qu'on te leur fiche une bonne révolution aux fesses !

— Tu serais bonne pour changer de prénom ma Marie !
— Fada !

Sur cette tendresse de vieux amants, soudés jusqu'aux ultimes heures comme à la terre où ils sont nés, chacun retourne chez soi.

Chez elle, ils sont tous là, ils attendent qu'elle revienne, qu'elle soit rentrée, pour s'endormir rassurés, d'un même élan fraternel.

Marie-Antoinette ne voulant en aucun cas perturber le repos de sa marmaille, à son tour se laisse aller dans son fauteuil, qu'avec un instinct attentif d'amoureux, tous s'interdisent d'utiliser ; même ces deux mégères enluminées de perruches épargnent la bergère délavée par le temps.

...Chez lui, il pense à elle...

Et soudain un peu de paix…

…J'ai reçu l'essentiel et ne possède rien…

Je suis libre par cela, puisque rien ne se garde à jamais, de donner de moi-même, si je veux pour offrir du bonheur et m'offrir de la paix…

Tu vois, la jeunesse est courte et se laisse peu à peu envahir par le reste du temps, rendant nécessaire l'intelligence du cœur, comme la nuit nous force à creuser du regard l'épaisseur de son obscurité et à voir au-delà de ce mur.

Nous voilà conscients des choses, étonnés mais heureux de découvrir enfin que le monde est beau, fragile, énorme, courageux…

Devenue riche du temps qui me reste, je vais le tenir pour la plus fastueuse des possessions, et vivre les secondes et les jours à venir, avec la minutie d'un goûteur.

Tout ce qui vit qui frémit qui me parle sera mon seul devoir.

Je vais ensevelir le chagrin, le tourment, le coupable…

Je vais rendre la parole, la caresse, le sourire…

…et attendre.

Sur le sable…

Une belle femme au visage marqué par le chagrin et le temps, a gravé quarante neuf fois le nom et le prénom d'un homme, sur le sable mouillé, le long de la mer…

… *« Un monde sans lui ? Pourquoi veulent-ils me faire croire que c'est possible ?... »*

Les promeneurs surpris et curieux s'arrêtaient pour lire l'éphémère et étrange parchemin…

… *« S'il ne leur manque personne, quel était donc le poids des amours qu'ils ont vécus ? »*

La femme, presque nue, belle et sans âge, ne regardait personne, agenouillée parmi les coquillages, ses genoux creusant le sable,… de temps à autre elle rejetait sur ses épaules, ses longs cheveux châtains aux doux reflets blonds illuminés par le soleil…

... « *Mais qu'importe, il ne me suffit pas à moi que la terre soit dépeuplée par son absence... le monde sans lui c'est un monde où je ne serai pas...* »

Lorsqu'ils tombaient sur son visage...
Quand elle eut fini d'écrire cette longue litanie, elle s'est assise sans façon, et elle a regardé la mer effacer le nom de l'homme, en se laissant presque engloutir... Tous autour d'elle restaient figés, n'osant l'approcher, mais tous voulaient savoir qui était ce PR.RE, pour qui une femme magnifique dans sa détresse, offrait sans réserve toute la solitude du monde...
Qui êtes-vous monsieur, pour mériter un tel amour ?

... « *Le monde sans lui c'est "mourir d'aimer", c'est mourir de son absence... Le monde sans lui je vous le laisse.* »

Puis quand le sacrifice fut achevé, que la mer eut dévoré la dernière lettre sur le sable, elle s'est levée, et d'un pas lourd, des larmes inondant son beau visage, elle s'est éloignée...

Confusion des genres

    Le nez levé, ils attendent que tombe le funambule qui en l'air sur sa corde se prend pour un aigle.
    Il avance, recule, oscille, provoquant de son audace les figurines en bas qui font des oh ! Qui font des ah !... Et guettent le retour de la pesanteur, qui devrait régler son compte au joyeux dingo majestueux dans sa cape noire, que le vent complice gonfle comme une voile, et pèse peut-être sur les conséquences de ce haut-fait.
    C'est une hirondelle perchée sur le fil du téléphone vêtue de son habit de majordome.

    Une minuscule fillette frêle comme une brindille, applaudit mignonnette, le monsieur avec son bâton qui balance tout là-haut.
    Elle sait comme un vieux sage… que maintenant ce monsieur du ciel ne redescendra plus…

Et dorment les grands arbres

Et dorment les grands arbres verts au lit du souffle éteint dans le soir qui tremble en embrasant le ciel…
Et dorment les eaux bleues et profondes du lac aux longues berges, où se nichent les vies des fragiles, des minuscules…
Et s'endort caché l'oiseau criard, tel que le surprend le couchant…
Tes pas suivent ton ombre, presque seule sur cette place que je reconnais, je souris au jour qui passe en te regardant partir...
Et dorment les grands arbres verts, s'arrêtent les courses folles, l'agitation et les bruits…
Toi déjà loin…
Je reviens sur mes pas… ma peine quelques instants s'est grisée de ton image…
Et je vais…
Je vais désolée dans ma peau de chagrin…

Et dormiront les tourments sous des terres brunes,

avec nos corps emportés contre nos grés comme vents et marées...

A peine assoupis serons-nous touchés par le frémissement sur nos peaux glacées, de la douce nostalgie ?...

Je reviendrai, réservée, solitaire, sur le souffle des choses, sur la feuille au vent, sur des lèvres brûlantes... je reviendrai, comme au premier rendez-vous, craintive et peut-être fautive, guetter ta vie pour ne pas m'oublier...

Et je vais...

Je vais dans ma peau de chagrin...

Il ne faut plus faire pleurer

« Il ne faut plus faire pleurer le hibou, la biche, le cheval, l'ours brun, et tous les autres non plus… »

Le rejet de mon amitié est une eau souillée dans un verre de cristal posé sur une table dans ta belle demeure.

Il est toujours trop tard, j'avais oublié…

Vous m'avez arraché le cœur : je suis devenue la femme "sans cœur".

Personne ne s'approche d'une femme creuse, livide, errante.

Mais tu n'es qu'un homme, misérable, dépendant, et le dernier à savoir que tu es ton propre fléau : que berce pourtant à l'infini, les flancs de celle qui te portait.

Et tu n'auras de cesse, tout au long des années de ta vie, de vouloir retrouver aux entrailles labourées de femmes de hasard, ce home parfait dont le souvenir enfoui dans ton être reste au secret à tout jamais ; et te fera courir ton existence durant, à la poursuite de ce sein qui nous est volé en échange de la vie… loin du manteau pourpre, des eaux souterraines dont nous sommes la source provisoire, l'esquisse dans un château-fort, combinaison de mille miracles, congédiée un jour pour essayer de finir de devenir un "homme".

De tes conquêtes blêmes aux jambes écartées sur la béance des corps, de ton sexe qui se rend coupable d'infraction chaque fois menée jusqu'aux limites de tes possibilités : de tout cela tu reviens, de cet endroit dans un ventre, de ce lieu condamné qui te conduit pourtant, aux abus, aux mensonges, à faire pleurer le hibou la biche le cheval l'ours brun et tous les autres.

J'ai laissé la lumière allumée.

J'attends qu'un premier fou vienne s'y brûler les ailes ou que la lune jalouse, par-dessus les toits s'inquiète de cette concurrence pâlotte.

J'attends…

Et un milliard de morceaux de rien brillent dans la nuit, mille points d'argent volètent autour du leurre cruel et échangent leurs vies pour quelques secondes de faux soleil, qui pourtant rend vivants même les grains de poussière.

Tu m'as dérobé quelque chose que tu ne pourras jamais me rendre…

Alors je cherche désespérément et seulement le moyen de me passer de ce vide, comme on tente de faire un deuil impossible.

Je t'ai chéri plus qu'il n'est possible.

Mais toi, avec tes presque je t'aime ta presque douceur ta presque tendresse ton manque de tout, tu m'as conduit en aveugle, moi qui n'ai jamais pu naviguer dans les peut-être, les-à-peu près.

Qui pourrait t'envier, mon amour ?

Et le soleil se couche

J'ai vu la terre dépouillée aux jours de novembre, alanguie tout contre l'horizon.

Je l'ai devinée prise d'amour, captive sous le soleil couchant.

J'ai vu la splendeur de leurs couleurs confondues, sabrer le ciel de longues déchirures saignant une insondable souffrance.

J'ai vu dans le regard des hommes le reflet de ce crépuscule sublime… et dans ces instants de temps négligeable, s'embraser l'univers tout entier.

J'ai regardé de grands oiseaux noirs disparaître dans le voile de nues ensanglantées, la clarté qui paraît d'ambre les prés, les collines et le ciel se piqueter d'argent.

Mes pleurs délivrés, le cœur étouffé, j'ai renoncé à mon émotion…

Et surprenant les ombres je suis partie vers demain…

Il est dans sa vie

Il est dans sa vie comme une promesse tenue, un égard du destin désolé de cette inexcusable défaveur.

De son fauteuil d'infirme, elle regarde son homme avec au fond des yeux une insondable tendresse et quelque chose qui porte encore dans son entier, le sens du verbe aimer.

Pathétique prisonnière de ce char où peine ses heures de forçat, innocent pourtant de toute faute.

Son compagnon fort pour deux, vigile attentif au moindre de ses mots, à portée de ses désirs, ne va jamais sans pousser devant lui ce divan de nain, fragile comme un berceau, qui porte son Elfe brisé. Impossible pour lui de déléguer ce "privilège", impossible de s'éloigner de celle qui ne peut comprendre que sa vie à lui dépend de sa vie à elle, lui le debout le fringuant l'invincible, suspendu pourtant au souffle ténu de ce corps abîmé, dont il n'a jamais détourné un regard chargé d'un amour infini.

Quand il dépose ce corps meurtri et tant aimé sur la couche commune, elle est sa femme, sa compagne belle et différente…

Alors sous ses caresses particulières, qui sont comme les mots d'une langue inconnue nécessairement apprise pour survivre dans un pays qui n'est pas le leur, elle ferme les yeux sur le plaisir, laisse son corps se vêtir de velours, et elle disparaît.

Elle devient l'étrangère qu'elle est dans ses rêves sous ses mains de magicien, sa bouche avide d'elle, son sexe sans exigence...

Avec seulement, seulement son envie d'elle...

« Vaincre le vide mon amour, le mal, rester ton unique parce que tu m'aimes,

Mon désirable, mon délicat amant merveilleux parce que je t'aime...

Aller aux confins du ciel ensemble où doivent se tenir ceux qui ont su vouloir aimer les êtres qui leur étaient destinés...

La crinière au vent un cheval noir sauvage et magnifique, se grise de liberté...

Un oiseau crève les nuages...

Avalé par toi mon corps se dépouille et se laisse partir...

Je vais à reculons pour m'amuser de la chose abandonnée...

Je suis libre...

Et là où le monde s'arrête, je sais ce que je fais de moi.

Sous son corps amoureux qui me veut, j'ouvre mes jambes mortes, et heureuse, je reçois par sa verge dure, son désir son plaisir son cri d'agonie…
La vie et sa raison d'être…

Ton amour se définit dans l'étendue de ce que tu m'offres.
Je ne suis que ce que tu fais de moi…
Et je suis…

Je l'aime.

Je l'aime.
Mon ventre doucement m'en parle.
Là-dedans cognent mes envies, où ses mains d'homme sont restées prisonnières.
Ma peau classe des accords, moitié heureux moitié chagrins et comme une soie brûlée se déchire sous la morsure du cruel désir…
Ma bouche bâillonnée de ses invisibles saveurs, et mon cœur crie son mal.
Quelle déchirure, quelle relégation injuste !
Oubliés ce corps et ce cul d'odalisque, esclave prostituée qui entend son sang battre, avant de tomber comme une bête qui s'abandonne à son agonie.
Je l'aime.
Ne me demandez pas qui je deviens, si pour lui je dois n'être qu'une proie qu'il percera de son glaive… je serai…
Et devant lui, comme je suis devant dieux ou diables… je suis le moins possible.

Je vous donnerai tous, tous pour une seule de ses heures, pour son corps ingrat, son cœur vide de moi.
Je l'aime.
Je n'entends que du silence et ne laisserai de moi que ce qu'il aura délaissé.

Je voulais son nom

Je voulais son nom sur les murs, sur les pavés d'encre rouge.

Je voulais son nom.

Je voulais son rire sur la crête du vent, roulant ses cascades.

Je voulais son rire.

Je voulais sa voix, ses échos répétés dans mon cœur soulevé jusqu'aux lèvres.

Je voulais sa voix.

Je voulais que demain soit lointain, que tout reste abandonné.

Je voulais que le présent soit hier.

Je voulais qu'elle me reste, qu'il me reste.

Dans les jours d'avant, la maison joyeuse, les farfadets du jardin.

Dans les soirs d'automne, quand tout s'arrange dans la couleur dorée des lumières de septembre…

Je voulais…

Mais demain est venu.

Hier s'est éloigné.

Et s'éloignent les jours où j'ai fini de croire qu'il me suffisait de vouloir.

La saison qui craque sous nos pieds

Il y a encore des roses qui fanent… et des boutons qui résistent.

Il y a du bleu dans l'eau de la mer, des reflets de prairies et le gris des galets.

Par-dessus posée, une année de plus sur mon corps éperdu…

Sur les choses indifférentes…

Un été qui recule et abandonne nonchalant les extravagances de ses façons.

L'éclaireur Automne, habillé d'une élégance sereine, avec sa main de génie, pose des touches dorées ici et là pour annoncer son arrivée.

Sans fanfaronnade sa beauté nous cueillera au saut d'un lever, au détour d'un chemin, dans la douceur de ses humeurs.

Souviens-toi !

De la vie, l'Automne est la plus longue saison et au calendrier la plus émouvante :

Elle garde de l'été, rappelle le printemps et nous prépare à l'hiver.

Crac ! J'ai reçu une branche sur le nez, je n'ai pourtant causé aucun tort à cet arbre là !

Et j'allais justement vous dire :

L'Automne, c'est aussi la saison qui craque sous nos pieds.

Ainsi tu sais que je t'aime

– Ce n'est plus difficile de t'en parler, juste incommode.

Un soir, un ami également solitaire et chagrin, imprévu, sonne à la porte.
On s'empresse de déboucher la bouteille d'excellent vin qu'à tout hasard, il apporte avec lui…
Un verre, puis deux, l'embarras évacué laisse place aux confidences.
Nous nous avouons qu'il y a des mois que nous n'avons pas fait l'amour… le mot nous fait sourire… la griserie nous offre un instant de paix.
Nous savons tous les deux qu'avec l'autre, celui ou celle que nous aimons à en crever, rien n'est possible.
Qu'importe les raisons…
Il étend la main, la première caresse comme un appel au secours, l'ami que l'on aime bien, mais que l'on n'aime pas.
Savoir qu'on ne se fera pas mal…

Pour moi, celui qui ne connait pas le corps d'avant les cicatrices, le corps de la jeunesse.

Pour lui, l'amie de longtemps qui ne pose aucune question.

Et le temps que dure nos ébats égarés, nos cœurs sont épargnés.

L'ami à qui, après, on demande très vite de partir, avant les mots tristes, le chagrin revenu.

La porte se referme sur un misérable soulagement… et une pensée de haine et d'amour mêlés pour l'être adoré, responsable indifférent de cette déroute amère et cruelle.

Il court le temps

Ô temps ! Venu de si loin, veux-tu que je te dise le repos ?

Celui si doux d'être couché dans l'herbe verte sous un chêne ventru, avec le ciel comme un miroir brisé, miroitant de soleil à travers le feuillage, et dans la brise légère un bruit de vague qui berce le dormeur.

Si tu calmais ta course impatiente, cette course incessante qui rend fous le sage et le poète…

Vers quel but tends-tu ?

La perfection jamais atteinte ?

Laisse donc vivre les êtres, les jours, les nuits, les amours et laisse les saisons se défaire d'elles-mêmes, pendant que les enfants grandissent, que les parents vieillissent, que se perdent les heures et que nos illusions s'éteignent comme les bougies qui meurent sur nos belles années.

Laisse-nous partir en bon état.

Et pour moi, tu ne serais jamais passé dans notre maison et sur le jardin où le sourire de ma Mère tremble encore sur les immortelles, aux creux des sillons que dessine la pluie en se mêlant à des larmes d'enfants oubliés.

Tu pilles, tu gaspilles !

Que me vaut d'avoir eu dix chiens, puisqu'en aimer un aurait pu se faire longtemps et sans chagrin.

Que me vaut de tenter d'autres amours et vouloir être aimée au prix de larmes douloureuses et d'amères déconvenues, puisqu'un seul m'a donné la vie, et qu'un seul me la reprise…

Toi, toi finalement vainqueur de rien !

La vie chante à perdre haleine, terrible, sur toi le temps…

Le monde tient dans un regard, et quand la voix d'une femme heureuse s'envole, son souffle en passant renverse la peur restée accrochée aux cœurs des hommes. Elle lève des drapeaux qui claquent sur des victoires, des papillons s'envolent comme des grains de lumière sur l'eau des océans…

Et la terre réapprend la paix.

Ne m'écoute pas !

Va, va reprend ta course folle, qui toujours cognera contre nos âmes : une porte infranchissable, la beauté s'amuse et pêle-mêle s'emmêle à ta couleur…

Il manque des mots.

Va !

Oui, mais

Ce matin il s'est levé dans une forme de jeune premier :

Allez savoir pourquoi Il y a des matins comme ça, où on peut se demander ce que l'on a bien pu faire en dormant ?

Petit café corsé comme il se doit, petite tartine généreusement beurrée, sans oublier la confiture de la tante Monette :

Incontestable bonheur de vivre !

C'est en sifflotant "La vie en rose", joyeux, sûr de lui, qu'il se dirige presque en dansant vers sa salle de bain. Il suffit d'un rien, ou de si peu…

"L'homme", connaît parfaitement sa salle de bain, il sait qu'il n'y a aucun obstacle particulier, ou de ces petites choses qu'il aurait pu négliger sous la poussée de son euphorie matinale ; par le fait fort douteuse, car il faut bien se le dire, le matin d'habitude il n'est pas à prendre avec des pincettes !

Le réveil est une merde de réveil ; le café un truc imbuvable ; sa chemise toujours mal repassée ; son travail ? Un boulot avec un patron qui le fait carrément chier !

Donc, pour en revenir au sujet de ce pamphlet, il y a longtemps que le savon en pschitt a remplacé la perfide savonnette, grâce à laquelle nombre de quidam se sont rompu les os.

Rien de suspect ne se découvre sur le beau carrelage bleu Roi qu'il affectionne particulièrement, parce que c'est quand même un grand sentimental.

Aucun de ces imprévus sournois qui se concoctent derrière le dos de chacun d'entre nous…

Rien !

Ainsi, sans méfiance il va vers son destin.

Et... Il a raté la carpette antidérapante de sortie d'ablutions !

Carpette attrayante s'il en est, dans des tons rappelant l'osmose du ciel et des étoiles.

Normalement, nous avons avec ce genre d'accessoire qui est fait pour nous empêcher, justement, de nous casser la gargoulette sur le carrelage mouillé, une relation sans équivoque.

Mais ce matin, la carpette en question ne l'a pas entendu de cette oreille, et s'est dérobée au dernier moment… !

Sa tête a rebondi sur le bord de la baignoire en faisant un boum assez désagréable ; son genou gauche a cogné sur le fameux carrelage avec un craquement qui en dit long sur les conséquences de cette rencontre ; sa jambe droite s'est retrouvée à angle droit, en opposition fâcheuse avec sa jambe gauche, qui de toute façon avec le genou fracassé a reçu sa part de misère.

Nu, beau, le regard fulminant et n'ayant pas perdu l'usage de la parole, il se met à gueuler comme un âne, incendiant toutes ces choses petites ou grandes, nullement responsables de notre ambition bassement commune à vouloir posséder des carpettes et des tapis qui ont déjà fait leur preuves pourtant !

J'en sais quelque chose…

Tout cela pour faire comme tout le monde… !

La vie

La vie, c'est une demi larme, un reste de sanglot, c'est insensé précieux et dérisoire…

C'est du bonheur en portion qui se donne avec parcimonie et jamais bien longtemps…

La vie, ce n'est pas vingt ans, c'est juste en cadeau une poignée de secondes au pied de ton lit, où les autres viendront te dire adieu…

La vie, c'est l'enfant dans son berceau, sa mère penchée, attentive, qui deviendra l'étrangère, le jour où il fermera sur elle la porte de son enfance…

La vie, c'est l'amour souvent perdant, toujours sacrifié, l'oasis dans un désert, le soir et le matin sans les heures au milieu…

La vie, c'est la joie, le rire, le chagrin, la peur, le courage, la grandeur, la brutalité, ensemble surestimé…

La vie, c'est un cri, un éclat, un hasard défavorable…

Un silex au cœur de guimauve…

C'est un en-cas que nous prenons pour un festin.

Mon esprit, ma liberté

Invente-toi des rêves qui t'accompagneront...
Construis dans ta tête crédule le bateau de tes dix ans.
Lève des vents, ceux qui font chavirer les vaisseaux sur les mers, même quand ils sont gros comme des châteaux...
Ce navire ira partout où tu voudras aller.
Ta tête sera la terre et les océans, cette terre de quatre kilomètres qui ne vaudra jamais ce que ton cœur s'invente, et ne pourra être aussi grande que l'immensité de tes pensées.
L'infini de ce pays dans ton âme secrète où restent paisibles, les départs et les retours de ceux qui furent avant toi les élus de cette église.
Tout est à portée de tes mains, de tes bras, même si tu dois revenir de ces voyages pour apaiser les mesquins...
Qu'importe les autres promesses, ton cœur choisira malgré toi : tu seras ton île, ta terre, tu seras où tu seras

le mieux, avec la certitude d'être très loin, tu réussiras le plus beau des voyages sans te tromper, sans te perdre.

Il y a ton nom écrit sur une lettre, un chat qui dort, une femme porte un enfant contre son sein, il y a un homme qui attend en regardant la femme et l'enfant, un chien assis à ses pieds.

De temps en temps l'homme caresse la tête du chien, qui lui, parle d'amour éternel avec ses yeux sur cet homme attentif et bon.

Il y a le soleil, et de la musique envahit la rue… et au bout de la rue, une maison accrochée aux nuages légers qui lui font un toit tout blanc comme si le jour finissait sous la neige.

Par ces aveux

Par ces aveux sans pudeur mouillés de ma sueur et de mes larmes qui glissent sur ma main écrivaine et viennent brouiller l'encre des mots sur le papier…

Mes derniers rires emportés dans les cassures du temps, mon rêve abîmé, mon sanglot muet…

Par tous ces départs où je sais ailleurs ne rien trouver que l'absence, ces mondes visités en d'inutiles voyages…

Par l'image de vous qui ne quitte jamais mon cœur, ces nuits d'insomnie peuplées de folies où je puise dans le silence la cruauté des souvenirs…

Par le bleu du ciel que j'ai cent fois maudit, la jeunesse narguant mes regrets et le désir affleurant sous ma peau…

Par mon corps attentif à retenir les vagues du plaisir immense qui me venait de vous, l'insultante privation, ma chair fouettée par le mal infligé comme on bat la coupable…

Par le bonheur douloureux de penser à vous, de vous vouloir en silence…

Par mes pas qui vont dans l'infinie solitude…
Les longues heures…
Par tout ce qui fut…
Par tout ce que je n'oublie pas…
Et mon ultime liberté…
Par tout cela…
Je vous aime.

Si j'étais un homme

Donc, voilà celui qui fanfaronnait sur son amour incorruptible, sur ses certitudes, et qui prétendait que jamais ô grand jamais, il n'irait, comme tous ces presque-riens, batifoler en dehors de la pratique couche conjugale, dont la tiédeur à défaut de grandes envolées, peut de temps à autres rassurer une virilité qui n'est pas toujours au beau fixe ; mais le mignon passe sous silence ses hésitations malhonnêtes, comme il se doit.

Hier encore il se rengorgeait, jurant à tous vents qu'elle n'était pas encore de ce monde, celle qui pourrait prétendre entamer ses très "fermes" résolutions sur l'interdiction de cocufier la moitié officielle.

Moitié qui, sans avoir mesuré les risques inévitables que la longueur de l'exercice impliquait forcément, avait les yeux, les oreilles, le cœur et le reste ensablés par des sentiments indiscutables, décidé de partager gentiment le lit et la vie de notre bougre embrumé.

Ces regards comme ses envies, fussent-elles débordantes, se satisfaisaient des charmes de cette femme épousée avant-hier, armée comme lui d'amusantes convictions matrimoniales.

Mais voilà ! L'appétissante gourgandine est passée par là !

Fichtre !

Et ce grand benêt qui pensait que contrairement aux autres, il avait sa cervelle placée là-haut sous son crâne et non dans son pantalon.

Il se retrouve face à une qui, fort à propos, lui suggère, soutenue par des arguments valant leur pesant de matière siliconée, des fesses aux seins en passant par une bouche qui trahit une exagération de la matière en question, avec ses appâts pas tout à fait catholiques, que rien finalement ne vaut l'expérimentation personnelle.

Moi je dis que ça dépend !

La belle lui démontre rapidement que l'appétit vient en mangeant, et notre courageux résistant n'y voit que du feu, si j'ose dire !

Il faut reconnaître qu'au temps de la poupée gonflable, il est malgré tout préférable d'en avoir une presque vrai... qui bien que rafistolée, affole ses sens, chamboule le dedans et le dehors, ensemble bridé depuis trop longtemps par des idées sages autant qu'illusoires en ce bas monde.

Cet intermède coupable, (en discuter malgré les apparences avant d'en être convaincu), dans un sursaut vengeur et accusateur, va très vite lui rappeler qu'il a la même à la maison...

Et que côté emmerdements, il n'a rien à gagner au change... Ou si peu !

Mais là aussi, il faut garder une certaine prudence ; en effet, tout dépend des emmerdements...

Voilà comment, après avoir définitivement piétiné ses convictions, en se laissant aller à renouveler : il n'y a que le premier acte qui compte, ses prouesses galantes avec la tendre passante d'un trottoir anonyme, la fanfaronnade défraîchie, le regard égaré, et l'air d'avoir bouffé de la luzerne.

Traînant une fierté ramenée au ras du bitume, celui-là se demande si le jeu en valait la chandelle ?

Un tel aurait juré que ce n'était pas possible !

Un autre que c'est un putain de merdier !

Et toujours avec la meilleure volonté du monde.

Les pauvres chéris...

Ainsi le bon se retrouve dévoré par le scélérat, l'innocent passe pour un faux jeton : ce qui est un moindre mal.

Et le vaincu ou le cocu, comme vous voudrez, n'est pas aveuglement celui qu'on croit.

Là encore il faut se méfier des apparences.

Ne vous en faites pas je reviendrai sur ce sujet, dont l'étendue incommensurable pourvue de mille et une possibilité, garde tout son mystère...

Heureusement !

La nuit se marbre

La nuit se marbre de bleu pâle, une aurore rose s'allonge au levant.
J'écris dans l'espace parfait d'un silence paisible, instant isolé des heures, que chaque jour qui se lève épargne avant le grand chahut.

Écrire, écrire et penser au temps proche où vous aimiez me lire, où vous aimiez me dire ces choses impures que les amants s'avouent dans la liberté entière qu'offre la plume et le papier.
Tant de matins comme des îles, d'heures mélancoliques qui s'égrènent.
Vous êtes à mes côtés...
Je vous aime.
Pourtant je sais... aucune grâce ne me reste à vos yeux.
Et cette interrogation muette qui me hante:
Gardez-vous le souvenir de cet amour naufrage ?

Le défendez-vous auprès de belles inconnues qui font escale dans votre vie ?

Nos amours courent comme des fous ivres d'une fausse liberté.

Et aimer nous éloigne à jamais.

Le dernier départ

Une blessure discrète qui te tue en silence.
Hémorragie secrète au creux de ton ventre, et tu pleures sans larmes...
Elles restent cachées comme si rien n'était.
Ton ami ton frère, tu ne sais plus pour qui.
Seulement le mal en chacun de nous.

Ils nous le disent depuis longtemps qu'ailleurs il y aura des fêtes, des rires, un bonheur permanent au milieu des nuages.
Mais nous on s'en fout, c'est maintenant et là, qu'on voudrait que ça change, que ça reste longtemps quand on est heureux, avec autour de nous, ceux que la vie nous a choisis.

Un volet qui bat… qui bat à se briser sur le mur mouillé d'une pluie de novembre,
La porte fermée sur le dernier départ, la maison éperdue condamnée au silence.

Il faudrait la brûler pour qu'elle ne puisse plus jamais servir à personne.
Le chemin encombré de ses herbes folles à "lier", qui resteront à pourrir, oubliées comme le reste.

Un peu plus loin, au pied des collines, la terre béante a reçu son dû.
C'est si souvent :
Qu'elle se charge d'ennuis.

Pourtant celui-là, avait du temps devant lui et au calendrier…
Il en était certain.

Tu pleures…
La laideur n'a pas d'escorte.

Et novembre se démène pour rendre pareille et les larmes et la pluie sur la terre acharnée, qui consomme la dépouille crève-cœur… et l'adieu qui nous rappelle que nous serons forcément du voyage.

Table des matières

7   Prologue
9
19   Marie-Antoinette
29   Et soudain un peu de paix...
31   Sur le sable...
33   Confusion de genres
35   Et dorment les grands arbres
37   Il ne faut plus faire pleurer
41   Et le soleil se couche
43   Il est dans sa vie
47   Je l'aime
49   Je voulais son nom
51   La saison qui craque sous nos pieds
53   Ainsi tu sais que je t'aime
55   Il court le temps
57   Oui, mais
61   La vie
63   Mon esprit, ma liberté
65   Par ces aveux
67   Si j'étais un homme
71   La nuit se marbre
73   Le dernier départ

Dépôt légal :
1er trimestre 2013

Mise en pages et lecture :
CLAMOR

Edition :
BOOKS ON DEMAND
Paris 8

Impression :
Books on Demand GmbH

Printed in U. E.